PREFACIO

Este libro, es una compilación de artículos (cuando no se señala específicamente a otro autor, los artículos están escritos por Eugenio Magdalena) publicados en EL GRUPO DE EUGENIO, grupo creado por Eugenio en Facebook, en febrero de 2015, primordialmente con el ánimo de mantener - sobre todo a mis amigos, familiares y allegados - (el Grupo cuenta con 59 miembros y es un grupo cerrado) informados acerca del acontecer político en Venezuela (ya que vivimos fuera del país) , a la vista del corsé impuesto a la información veraz por parte de la Dictadura.

El seguimiento casi diario de las atrocidades del Régimen, las largas colas, las frecuentes injusticias, los presos políticos, han hecho que, en un tiempo muy breve, el objetivo principal que nos llevó a crear el Grupo cambiara. De ser simplemente una alternativa informativa más, el Grupo y el autor, hemos pasado a ser férreos críticos del Régimen que oprime a los venezolanos.

Colocamos primero, 5 artículos, escritos y publicados durante los meses de setiembre y agosto, por considerarlos más actuales, completando la media docena con un escrito del mes de julio, todos de este año 2015. A partir de ahí, colocamos los artículos en orden de aparición, desde la creación del Grupo, en febrero de este año.

Con el ánimo de difundir aún más nuestras ideas y las de algunos colaboradores, decidimos compilar y publicar gratuitamente este trabajo , en paperback y como e-book, confiando en que así llegará a un mayor número de venezolanos.
Dado que buena parte de nuestros colaboradores viven en Venezuela, hemos decidido hacer públicos sus nombres, pero no sus apellidos, pues tememos a las represalias del Régimen (salvo que el autor de la colaboración nos haya concedido específicamente su permiso o se trate de periodistas).

Esperamos así dar nuestra humilde y pequeña contribución, a aquellos(as) más jóvenes y valientes, que han decidido permanecer en Venezuela y enfrentar a LOS BANDIDOS.

A ellos(as), a esos hombres y mujeres valientes y a tdoslos(as) venezolanos(as) QUE NO QUIEREN SER COMUNISTAS, dedicamos nuestro libro.

Eugenio Magdalena.

LAS MENTIRAS PAGADAS.

Setiembre 15, 2015.

Una vez más, LOS BANDIDOS dan muestra de su habilidad y disposición a aprovecharse de los instrumentos creados por sociedades libres, para impulsar y tratar de justificar sus métodos autoritarios.

En anuncio pagado en el diario norteamericano "The New York Times" (TNYT), LOS BANDIDOS publican su acostumbrada sarta de mentiras, acerca del cierre de la frontera de Venezuela con Colombia, impunemente y con total libertad.

Ellos, que en el terreno doméstico cierran medios de comunicación, niegan el papel a los diarios opositores y publican los anuncios estatales, únicamente en medios de comunicación de sus compinches. Siempre con el fin de ahogar y apagar la voz disidente.

Si el diario norteamericano TNYT estuviera en territorio venezolano, lo más probable es que ya estaría cerrado o en vías de desaparecer.

No se puede permitir, por tanto, que un desgobierno corrupto, violador sistemático de los Derechos Humanos, que tiene entre sus miembros a narcotraficantes perseguidos por la mismísima Justicia norteamericana, se aproveche de la libertad de la prensa imperante en USA, para publicar sus MENTIRAS, pagando con dinero mal habido, propiedad de todos los venezolanos, un anuncio tratando así de envenenar a la opinión pública norteamericana.

Que publiquen sus mentiras en el diario "Gramma" cubano o en "El Diario de Moscú" !

Y no me vengan con aquello de que la Libertad de Prensa imperante en USA, permite que sean publicadas cualquier tipo de opiniones.

Desde luego, no publicarían anuncios del narcotraficante mexicano Joaquín el "Chapo" Guzmán, ni de los asesinos de Sharon Tate.

Tampoco deben de ser admitidas publicaciones del grupo de CRIMINALES que desgobiernan a Venezuela en la actualidad.

Invito a los lectores a escribir al diario TMYT, para que no acepte publicidad pagada por LOS BANDIDOS en el futuro.

Lo mismo voy a hacer yo.

Y créanme, SI funciona.

PURA MALDAD O PURA IGNORANCIA ?

Setiembre 1°, 2015.

Ayer vi al MALANDRO MAYOR en TV, declarando desde Vietnam.
Con cara e' tabla, como dirían algunos, o con su cara bien dura, como diría yo,
EL MALANDRO MAYOR no solo ignoró su responsabilidad en las deportaciones "a la brava"
de colombianos con y sin documentos, sino que además tuvo la desfachatez de ofrecerle
su ayuda al Presidente colombiano Santos, para resolver "su" problema.

Lo hace por pura maldad ?
De ser así, nos toma a casi todos por idiotas sin cerebro.

O lo hace porque su propia ignorancia, le hace creer que dice la verdad ?
En este caso, EL GOLPISTA Y DICTADOR ya fallecido, dejó mucho que desear
cuando lo nombró primero Canciller y luego lo escogió como su sucesor.

Aprovechó EL MALADRO MAYOR, con su muy trillada cantinela de "tengo las pruebas"
(dice que las tiene, pero nunca las muestra !), para denunciar el plan de magnicidio No. 17 en su contra,
en tan sólo un año de su desgobierno.

A ese paso va romper el record de EL GOLPISTA Y DICTADOR, ya fallecido, que en su mandato denunció
nada menos que 63 planes de magnicidio !
Tanto va el cántaro a la fuente, hasta……………..

Es la vieja receta del VIEJO DICTADOR CUBANO (hasta cuándo !).
No debemos olvidar que EL MALANDRO MAYOR, estuvo hace poco en Cuba, para recibir instrucciones.

Yo creo que o nos toma a todos por idiotas, o realmente le importa un bledo lo que la gente piense de él
y de su desgobierno.
En este último caso, a menos que los venezolanos "se pongan los pantalones", esto no tiene remedio.

Lo siento por Leopoldo López.

LA FÁBULA DEL LOBO Y EL CORDERO.

Domingo, agosto 29, 2015.

Ayer, mientras releía "Las fábulas de Esopo", me di de bruces con la fábula del lobo y el corderito, la cual inmediatamente me hizo recordar al MALANDRO MAYOR (bailando desgarbadamente cumbia colombiana en cadena de TV nacional, mientras los colombianos deportados por él, robados por la guardia pretoriana (GNB) del dictador, maltratados y acusados de paramilitares (?), sufren mil penalidades.

Más o menos habla la fábula de un lobo que quería comerse a un corderito, pero para tranquilizar su conciencia, el lobo acusó al cordero de comerse su hierba verde, a lo que el cordero replicó diciendo que no podía ser, ya que él aún no había probado la hierba.

El lobo lo acusó entonces de haberlo insultado el año anterior, a lo que el corderito le dijo que no podía ser, ya que para entonces él no había nacido.

Cada vez más furioso, el lobo acusó al cordero de beberse su agua, a lo que el cordero le respondió que no podía ser, ya que hasta ese momento, él se había alimentado exclusivamente con leche materna, sin haber probado otra comida o bebida alguna.

El lobo entonces dijo que de todas formas, él no se iba a quedar sin cena esa noche, tras lo cual, se comió al corderito.

MORALEJA : El tirano siempre va a encontrar una excusa para ejercer su tiranía.

SOBRE LA EXPULSIÓN DE VENEZUELA DE HUMILDES COLOMBIANOS.
Jueves, agosto 27, 2015.

Al blandito de Santos, le salen mal las cosas. Por tratar siempre de "estar a las buenas", de apaciguar al
MALANDRO MAYOR (y que venezolano).
Él, que puso en la frontera, sin miramientos, al joven venezolano Sayegh, aun a sabiendas de que al
joven extraditado le esperaba la prisión (y tal vez la tortura) en manos de los Chavistas.

Él, que ha permanecido callado, ante los abusos y atropellos del MALANDRO MAYOR
en la vecina Venezuela.

Ahora que LOS BANDIDOS (por medio de la GNB) atacan sin piedad, roban sus propiedades y destruyen
sus casas, a un grupo de humildes colombianos, el Presidente Santos se acerca a la frontera (será porque
primero estuvo por allí el expresidente Uribe ?), prometiendo de todo.

Ahora, sí se da por aludido.

No sabe el Presidente Santos que a los abusadores hay que golpearlos pronto en la nariz ?
Y que sangren !
Para que aprendan a respetar.
A este abusador, hace tiempo que alguien debió pararle los pies.
Y no hay proceso de paz que valga ! Ni niveles de comercio !
Los principios democráticos se deben cuidar y hacer que se cuiden.
A cualquier costo !

LOS BANDIDOS encontraron la excusa perfecta : los pobres colombianos
(legales o no !), acudiendo, como todas las dictaduras, al acendrado nacionalismo
venezolano.
Primero parecía que EL MALANDRO MAYOR la iba a tomar contra el Esequibo, pero
una visita a esa Guyana por parte de Correa, terminó con esa excusa.
Ya no se habla más del Esequibo !
Ahora el ataque es contra los emigrantes colombianos, que "acaban con la comida y la gasolina de los
venezolanos". Hasta culpó a los cambistas cucuteños, por la imparable devaluación del bolívar
venezolano !

Hemos dicho muchas veces, que si la Oposición (como las encuestas señalan) parece que va a ganar
las Elecciones Legislativas, entonces no habrá elecciones en diciembre.
LOS BANDIDOS no van a irse por las buenas.

Ya El MATÓN DE BARRIO Y BRAVUCÓN DEL CONGRESO avisó que extenderían el cierre a TODA la
frontera con Colombia.
Y hoy se anunció la extensión del cierre, a 4 municipios tachirenses más !

Pero la mayoría de los emigrantes colombianos, viven y trabajan en Caracas. Extenderán el Estado de Excepción también a Caracas ?
En ese caso, los pobres colombianos pagarán los platos rotos de nuevo.

Qué pena !
Qué vergüenza !

Y entonces no habrá elecciones o se celebrarán con evidente ventajismo oficialista !

CÓMO ES POSIBLE ?
Miércoles, agosto 19, 2015.

Cómo es posible ?
Qué Leopoldo López lleve más de 18 meses preso por no cometer delito alguno.
Y los venezolanos ?

Cómo es posible ?
Qué en un país como Venezuela, la gente tenga que hacer grandes colas para adquirir (cuando hay)
sus alimentos.
Y los venezolanos ?

Cómo es posible ?
Qué un miserable pastelito, cueste 80 Bs.F
Y los venezolanos ?

Cómo es posible ?
Qué los venezolanos hayan permitido que su país, mi país, sea arrastrado por el lodazal.
Y los venezolanos ?

Este no es el país en el cual yo crecí. Donde están mis amigos y familiares.
A mí, de pequeño, me enseñaron Historia de Venezuela.
Me contaron del coraje y la valentía de la juventud venezolana.
Me contaron lo que pasó en La Victoria.
Era todo mentira ? No ?
Entonces ?

Cómo es posible ?
Qué los venezolanos hayan permitido que un grupo de malhechores, así cuenten con el apoyo del
estamento militar, se hayan adueñado del país ?
Contra las multitudes decididas, no hay fuerza que se resista.
Va a haber muertos y heridos ? Sí, sin duda.
LOS BANDIDOS NO SE VAN A IR POR LAS BUENAS.

Por eso, hay que pensar en los hijos, en los nietos.
Es este el país que les queremos dejar ? El de las colas ?
De todas formas la vida es corta y todos nos vamos a morir.

Los venezolanos crearon el problema y son los venezolanos quienes lo deben resolver.
LOS(AS) VENEZOLANOS(AS) NO QUIEREN SER COMUNISTAS !

LA APERTURA DE EMBAJADAS EN WASHINGTON Y EN LA HABANA.
Domingo, Agosto 16, 2015.

Pensé que nunca lo vería !

Un Presidente norteamericano estrechando la dictatorial mano, de uno de los Castro !

La bandera cubana flameando en el corazón de USA !

La apertura de Embajadas en Washington y en La Habana !

Atrás quedan los fusilamientos a mansalva, las expropiaciones sin indemnización alguna.
La falta actual y absoluta de libertades en Cuba.
Quién lo diría, después de que el Régimen cubano despotricara durante años, de USA y del Capitalismo, a quienes llamaba gusanos y acusaba de todo !

Quienes están a favor de la apertura argumentan que todo es en favor del pueblo cubano.
Pero esto no es cierto, porque en Cuba nada ha cambiado.
En efecto, los chulos cubanos continúan maltratando a la población, la represión contra la Oposición es la misma de siempre.

Los Castro sólo inician relaciones con USA, porque no pueden chulear más a Venezuela.
Hay que reconocer que los Castro han perfeccionado la chulería.
Primero se chulearon a Rusia. Después le chuparon la sangre a Venezuela. Ahora, pretenden prolongar el Régimen, con USA y con su riqueza.

Así, si alguien quiere abrir operaciones en Cuba, debe negociar primero con las sanguijuelas, quienes se encargarán de cobrar (a precios internacionales y en dólares) los salarios de los empleados locales para luego pagarles una miseria en pesos cubanos ! Lo mismo que han hecho con los médicos cubanos que enviaron a Venezuela !

"Pero cuentan con el apoyo del pueblo cubano", dirán algunos. Bueno, eso habría que verlo.
La población cubana, es una población joven. Después de más de 50 años de Dictadura Comunista, la mayoría de los cubanos no conocen otro sistema de gobierno y no pueden por tanto comparar.
Apenas salen al exterior y pueden comparar, buena parte de los cubanos desertan y muchos de los que se quedan en Cuba, buscan llegar a otro país por cualquier medio.
Por qué será ?

"Pero el Gobierno cubano garantiza la alimentación, la vivienda, la salud, el acceso a la educación", tal vez, pero malamente, reduciendo los estándares e igualando a todos por debajo (todos paupérrimos…………menos los chulos, claro). Además mata la iniciativa personal, elimina la propiedad privada, la libertad, acaba con las oportunidades y fomenta la conformidad y la vagancia.

Solamente los holgazanes, aquellos a quienes les gusta que se lo den todo regalado, sin esfuerzo personal alguno, prefieren el sistema comunista.

Menos mal que el Congreso norteamericano primero y el Gobierno del partido Republicano (Trump no cuenta) después, que los norteamericanos van sin duda a elegir, pondrán a los chulos en su sitio.

Eso sí espero verlo pronto.

LOS NAZIS, CUBA Y VENEZUELA.
Jueves, julio,23, 2015.

Anoche, vi en TV a un señor judío dedicado a devolver a sus legítimos propietarios obras de arte confiscadas por los nazis, durante el holocausto judío. Justificando su trabajo, tantos años después, diciendo que lo hacía para evitar que tales atropellos se volvieran a cometer.

Pero se cometieron de nuevo y se están cometiendo otra vez, sino los asesinatos masivos, sí los atropellos y las apropiaciones de todo tipo. Véase sino los fusilamientos sumariales y las confiscaciones, hechas en Cuba en los 60s, por EL VIEJO DICTADOR CUBANO o las expropiaciones sin indemnización, la detención o inhabilitación de políticos opositores y los asesinatos de jóvenes manifestantes, llevados a cabo por el desgobierno del MALANDRO MAYOR en Venezuela.

Ah! y por si acaso a los militares venezolanos les entraba un ataque de venezolanismo y se negaban a disparar contra su pueblo, EL GOLPISTA Y DICTADOR ya fallecido, creó - y armó - a los malandros de los Colectivos.

Ahora, ya empezaron otra vez con las trampas. No les bastó con alterar a su favor las circunscripciones electorales, ni con apresar e inhabilitar a candidatos opositores, ganadores seguros en una hipotética contienda electoral en diciembre próximo.

Además EL MALANDRO MAYOR ya dijo públicamente, en cadena nacional de TV, que de perder las próximas Elecciones Legislativas, él sería el primero en salir a la calle a defender la Robolución. Tremendo demócrata, nuestro Presidente ! Amenazando a los votantes, tratando de amedrentarlos !

Ya tienen una componenda bien armada con Samper (sí, el mismo que visitó Venezuela y dijo públicamente que en Venezuela había división de poderes !), mediante la cual UNASUR, es decir Samper y sus secuaces, "observará" las Elecciones Legislativas de diciembre (si finalmente se llevan a cabo).

Lo que hemos dicho muchas veces : LOS BANDIDOS no se van a ir por las buenas !
Va a tomar mucho más, mucha sangre venezolana más, desafortunadamente.

O a lo peor el expresidente inglés Blair, tiene razón ?

EL GRUPO DE EUGENIO
Febrero 16, 2015

Con esta fecha, creamos en Facebook EL GRUPO DE EUGENIO, con el fin de informar vía Internet al pueblo venezolano, que sufre la casi total ausencia de medios de comunicación no oficiales, lo que verdaderamente está ocurriendo en el país.

Al momento de su creación, el grupo estableció como finalidad :

EL GRUPO ANALIZA LA SITUACIÓN ACTUAL DE VENEZUELA, CONTRIBUYENDO
A DISTRIBUIR INFORMACION RECIENTE ENTRE SUS MIEMBROS.

Además de nuestros propios artículos, incluidos todos en esta recopilación, a través del Grupo, distribuimos artículos de otros autores, fotografías y videos que nos parecieron informativos e interesantes; el Grupo siempre estuvo también abierto a la colaboración de lectores frecuentes, entre los que cabe mencionar a Iraida M.G, Franco A., Jesús Elorza y a Héctor L.G. (no anunciamos todos los apellidos, salvo que los autores sean periodistas o nos hayan autorizado específicamente a ello, ya que nuestros colaboradores viven en Venezuela y el Régimen se ha distinguido por sus retaliaciones).

Esta es nuestra pequeña (el grupo tiene apenas 59 miembros) contribución a devolver la libertad a Venezuela. Desde un principio sabíamos que nuestra contribución sería escasa, sin embargo nos dimos a esta tarea, en parte porque nuestra discapacidad nos da el tiempo necesario, pero también porque nos causa una pena infinita ver como el país que nos vio crecer es presa de la suciedad, el deterioro, el desorden y el hampa, todo fomentado por un comunismo inepto e inoperante. Además, creemos que si todos colaboramos, por pequeña que sea nuestra contribución, lograremos más rápido regresar a nuestra Venezuela a la senda democrática.

EL GORDITO DE MIRAFLORES Y SUS MENTIRAS.
Febrero 16, 2015.

Ahora el Gordito de Miraflores distrae a la opinión pública venezolana, denunciando - por enésima vez - un plan magnicida y golpista.

Mientras tanto, la población sigue haciendo colas - muy largas colas -. Como decía el muy recordado Juan Vené : "se cansa uno".

Está claro que esta sarta de bandidos que se apropiaron del Poder en Venezuela, NO VAN A SALIR POR LAS BUENAS.
Se equivoca el bueno de Capriles cuando llama a los venezolanos a las marchas. Marchar para qué ?
Lo suyo es una HUELGA GENERAL.
A eso sí que le tendrían miedo LOS BANDIDOS !
A los sindicatos, antes tan poderosos, la inamovilidad laboral (!) los dejó sin banderas. Ya no cuentan.

Pero las pequeñas empresas, el comercio, sí. TODAVÍA existen.
Hay que aprovechar mientras aún se puede. Antes de que - como en Cuba - lo expropien todo.

Hay que pensar en los hijos, en los nietos. Es este el país que les queremos dejar ?

Demasiado les ha sido ya permitido a LOS BANDIDOS : confiscaciones, cierre de medios de comunicación, robo electoral y - en general -, destrucción del país.
Hasta cuándo ? Sólo los venezolanos pueden dar una respuesta.

Se dice que el pueblo no tumba Gobiernos. A los Gobiernos los tumban los militares.
Pero el pueblo, a través de una huelga de brazos caídos, una HUELGA GENERAL, puede hacer que los militares se alcen en armas.

Al fin y al cabo los soldados - y no los muchos oficiales, con bozal de arepa, como se dice coloquialmente - también son venezolanos, por lo que sus madres, esposas o hermanas, también deben hacer largas colas para adquirir lo básico, también sufren por la escasez.

Es ahora o nunca, porque estos BANDIDOS no se van por las buenas.

Se robaron una elección y se robarán las que haga falta !

LOS ENVÍOS DE PETRÓLEO A CUBA.

Febrero 16, 2015.

Cómo les va alcanzar la plata ? No ves que envían cada día un montón de barriles de petróleo a Cuba, sin que la isla pague ni un centavo ! Es más, los cubanos venden una parte de tales envíos, en los mercados internacionales.
Qué descaro !

Por mucho menos de lo que ha hecho este desgobierno, se rasgaban las vestiduras los tontos útiles antes, cuando se trataba de dictaduras de derecha.
Claro que lo que hay en Venezuela, es una dictadura de izquierda , por tanto todo se le perdona.
Porque parece que las dictaduras de izquierda, gozan de las simpatías del público.

DICTADURA ES DICTADURA, sea ésta de derecha o de izquierda !

Pero hay que reconocer - que por años -, los Gobiernos democráticos se olvidaron de los humildes.
Los venezolanos nos olvidamos de los humildes.

Recuerdo que siendo estudiante en la UCAB me contaron que el ya fallecido padre Pernaud (q.e.p.d.) , en una ocasión señaló los poblados cerros de Antímano, en Caracas, a sus alumnos, visibles los ranchos a través de los amplios ventanales del salón de clases.
Trataba así el buen cura, posiblemente de despertar la conciencia social entre sus estudiantes.
Para sorpresa de algunos (al menos eso espero), una estudiante dijo "que por qué no se regresaban de donde habían venido"!

Así estamos como estamos !

LOS MILITARES VENEZOLANOS.

Febrero 18, 2015.

Entre lo mucho que se les ha permitido a LOS BANDIDOS actualmente en el Poder en Venezuela, está el dominio sobre los militares.
Las actuaciones de la ahora conocida como Guardia Nacional Bolivariana, GNB, constituyen una vergüenza para el estamento militar venezolano, ya de por sí bastante desprestigiado.

El desprestigio del ejército venezolano (por ser partidista, represor, carcelero y narcotraficante) no nos debería sorprender. La Academia Militar, otrora motivo de orgullo para los venezolanos, se ha convertido por loor del lavado de cerebro a que son sometidos los cadetes, en semillero de los defensores de la Robolución.

Promoción tras promoción de Suboficiales y Oficiales, ocupan hoy puestos clave en la actual Administración : Alcaldes, Ministros y Gobernadores, sin contar puestos de menor jerarquía.
Todo ello porque en sus primeros años, durante el mandato del fallecido GOLPISTA Y DICTADOR, éste se ganó , con sus mentiras, a buena parte del electorado venezolano.

El Gordito de Miraflores y sus acólitos tienen bien aprendida la lección : mentir, mentir y mentir sin parar. De tanto repetir las mentiras, terminan creyéndolas ellos mismos.

Mientras blanden en sus corruptas manos la Constitución, cometen toda suerte de violaciones a la misma. Siempre con su cara bien lavada. Véase sino el encarcelamiento YA HACE CASI UN AÑO de Leopoldo López.

Por cierto, es muy loable e inspiradora la constante, persistente lucha, dentro y fuera de Venezuela, por la libertad de su esposo, de Lilian Tintori, esposa de Leopoldo López, madre de sus hijos y futura Primera Dama.

Un lujo de Primera Dama !

LA DICTADURA EN PERSPECTIVA.

Febrero 19, 2015.

Resulta que salí de Venezuela en 1985 y a pesar de haber visitado Caracas en dos o tres oportunidades durante ese tiempo, nunca más volví a vivir en Venezuela.

Podría pues decirse pues que es muy fácil criticar desde afuera, corriendo apenas un pequeño riesgo : el riesgo de que no me dejen entrar al país de nuevo.

Viví en Caracas desde los 8 años de edad, hasta los 36, cuando salí.
Toda una vida : niñez, adolescencia, juventud y edad adulta.
Hice casi todos mis estudios en Venezuela, me nacionalicé venezolano al cumplir 18 años y en 1979, alcancé el título de Economista, en la UCAB, en Montalbán, Caracas, Venezuela.
Me casé en 1975 (y continúo casado) con una venezolana - Isabel - y en 1976, nació mi único hijo, en la Clínica Ávila, en Caracas. En Venezuela, pasé los mejores años de mi vida.

Si hubiera seguido viviendo en Venezuela, seguramente a estas alturas estaría muerto o preso, pues esta situación, no se puede aguantar.

Viví en Venezuela los felices años 70s y parte de los 80s, cuando Venezuela era el mejor país del mundo para vivir
Hoy es el peor.

Qué es lo que ha cambiado en Venezuela en estos años ? Bueno, entre otras muchas cosas, la población ha aumentado. El crecimiento poblacional produjo también cambios políticos.
Los partidos políticos tradicionales, COPEI, AD y el MAS, entre otros, parecen haberse olvidado de los más humildes, al menos parcialmente.

Entonces, a través del POPULISMO y la MENTIRA, primero EL GOLPISTA Y DICTADOR, y al fallecer éste, su delfín, el Gordito de Miraflores, se subieron al Poder y se apoderaron del país y de sus Instituciones.

Pero ahora, al despertar con resaca de la borrachera del petróleo a $100 dólares el barril, los venezolanos empiezan a descubrir las verdaderas intenciones de LOS BANDIDOS. De hecho, ya reaccionaron en las pasadas Elecciones Presidenciales del mes de diciembre, cuando la Oposición se dejó robar la preferencia electoral de los votantes.

No parece viable por tanto, la opción electoral.
Porque LOS BANDIDOS han jurado que JAMÁS la Oposición volverá al Poder (se acuerdan del GORDITO DE MIRAFLORES jurando y llevándose los dedos a la boca, durante una de sus largas cadenas nacionales de televisión ?).

Uno de los pocos líderes que se atrevió a protestar en público, Leopoldo López, está hoy preso en las cárceles de la Dictadura.

Pero yo soy lo suficientemente viejo para saber lo que pasó al caer la dictadura militar de Pérez Jiménez, con la temida Seguridad Nacional, que mató, torturó y desapareció a cientos de venezolanos.

Es cierto, algunos murieron, como los mártires Pinto Salinas y Leonardo Ruíz Pineda, por ejemplo, pero legaron a sus descendientes y a todos los venezolanos, un mejor país en el que vivir.
Pero nadie es inmortal ! De algo hay que morirse !

No hay dictadura alguna que sobreviva al paso del tiempo; ni siquiera la cubana, a la que ya no le queda mucho tiempo.

Ya lo verán.

Menos aún a la Dictadura venezolana.

CÚCUTA Y LAS FARC.
Febrero 21, 2015.

Hace mucho, mucho tiempo. Allá por los años 70s, un amigo y yo decidimos irnos a Cúcuta por carretera (unas 8 horas en carro desde Caracas).
Tenía yo por entonces un Mustang rojo y en él - muy contentos -, nos dispusimos a viajar.

Llevábamos algo así como Bs. 500 cada uno, una suma considerable en aquella época, teniendo en cuenta que el equivalente en Pesos colombianos de un billete de Bs. 100, te garantizaba el incondicional "amor" de un mujerón de buen ver, durante nuestra planeada estadía - dos días - en la ciudad.
Por supuesto, la mujer insistía en que te acompañaba - y comía - en todas tus refecciones, cosa que a nosotros realmente no nos importaba.

Cúcuta atraía a cientos de jóvenes venezolanos atraídos por un bolívar fuerte y por sexo barato y abundante, pues la ciudad se distinguía por la gran cantidad de mujeres jóvenes, colombianas, que "se buscaban la vida".

Como en la mayoría de las ciudades fronterizas, se conseguía de todo en Cúcuta.
Por las calles pululaban individuos ofreciéndote de todo : drogas, muchachas jóvenes, pistolas bolígrafo, etc. Lo que quisieras.

Paseando con el carro, divisamos a dos mujeres jóvenes de buen ver caminando por la cera. De inmediato comenzamos a piropearlas e invitarlas a pasear.
Después de un rato aceptaron nuestra invitación y se subieron al vehículo.
Conversamos e intercambiamos experiencias con ellas (dijeron ser estudiantes , nosotros también) durante una media hora, tras la cual las mujeres nos invitaron a ir a una discoteca, a lo que accedimos encantados.
Guiados por ellas accedimos a la tal "discoteca", que era un lugar bien oscuro, únicamente iluminado por pequeños focos verticales que pendían del techo, por medio de largos cables y cuya luz caía sobre el centro de unas mesitas redondas, iluminándolas.

A pesar de que el sitio tenía una pista de baile, iluminada desde el suelo y circular, no vi a nadie bailando, pues todos allí estábamos muy "ocupados".
Como a la hora, hora y media de nuestra llegada, las chicas manifestaron su deseo de pasear, a lo que accedimos gustosos.
Con ellas guiándonos salimos de la ciudad y llegamos a un paraje desolado y oscuro, al que ellas definieron como Venezuela. "Estamos en territorio venezolano", dijeron.
Luego de un rato de deambular por la zona, las mujeres manifestaron su deseo de regresar "pues se está haciendo tarde y tenemos clases temprano en la mañana", nos dijeron.

Francamente yo lo hallé todo un poco extraño, pero no le di más vueltas al asunto.

Las llevamos a Cúcuta de nuevo y las dejamos donde nos dijeron y punto.

Con lo que sé hoy, no obstante, estoy seguro de que aquellas pícaras nos engatusaron, con intenciones de vendernos a la guerrilla de las FARC, que ya por entonces se refugiaba en aquella zona del Estado Táchira, territorio venezolano, cada vez que eran perseguidos por el ejército colombiano.
Mi amigo y yo, sólo nos salvamos de ser secuestrados (y tal vez asesinados) por las FARC, porque en nuestro deambular por aquella zona, no encontramos a los guerrilleros !

Luego LOS BANDIDOS tienen el descaro de decir que las FARC, no operan en territorio venezolano.
Operan y son protegidas por el ejército venezolano !
Todo el mundo en el Estado Táchira lo sabe !

Si hasta una estatua le levantaron a Tiro Fijo, líder guerrillero, los Colectivos (paramilitares armados) en la urbanización 23 de enero, en Caracas.

EL ACUERDO NACIONAL

Febrero21, 2015.

Ahora resulta que escribir y/o firmar un ACUERDO NACIONAL, documento preparado y firmado por María Corina Machado, Antonio Ledezma y Leopoldo López (parte del documento fue publicado en este grupo por el miembro Héctor L.G. El texto íntegro puede ser encontrado en Internet), equivale a ser " golpista". Yo firmé una versión electrónica del documento y no soy ningún "golpista", simplemente quiero a Venezuela.

Leopoldo López y Antonio Ledezma se encuentran ya en prisión . A María Corina Machado la despojaron - injustamente - de su investidura de Diputado electa por el pueblo y como en el caso de los dos firmantes hombres, ya se habla de una orden de captura en su contra.

 A María Corina Machado, aún no la han detenido por ser mujer y en un país machista, el Régimen le tiene miedo a las consecuencias. Pero ahora, con la detención de Ledezma y con los "cargos" infundados con los que trataron de justificar su detención, no tendrán más remedio (la futura detención de María Corina Machado, de ocurrir, puede ser el detonante del tan esperado estallido social).

Pero, dónde está la reacción regional ?
Brilla por su ausencia.

Apenas el Presidente colombiano, el Presidente Santos, salió públicamente por TV diciendo "que él siempre le había recomendado al Gobierno venezolano el diálogo (?) con la Oposición y que esperaba que al Alcalde Ledezma, se le respetara el debido proceso", justificando así plenamente su detención, como si fuera un delincuente !

De inmediato EL GORDITO DE MIRAFLORES , en cadena nacional de TV, agradeció al Presidente Santos por su apoyo.

Triste papel el del Presidente Santos, rehén de un proceso de paz (?) con los bandidos de las FARC, que se ríen - impunemente - de él.

EL ALCALDE DE CARACAS, PRESO.
Febrero, 20, 2015.

Qué barbaridad !
Como 15 gorilas del SIBIN, armados hasta los dientes, rompieron a patadas las puertas y se llevaron preso a Antonio Lezama, Alcalde Metropolitano de Caracas electo por el pueblo.

Aparentemente, se encuentra en el Helicoide, aunque ayer, a las 10 P.M., aún no se conocía su paradero.
Por supuesto, ni orden judicial ni nada. A pura fuerza bruta.

Son los estertores de un Régimen, que antes de irse va a causar mucho daño.
El cálculo de LOS BANDIDOS, es que inhabilitando a opositores en puestos clave, van a lograr por las malas, aquello que no pueden lograr por la vía electoral.

Lo dicho, estos malhechores no se van por las buenas !

DE LOS "MÉDICOS" CUBANOS.

Febrero, 21, 2015.

Conoce Ud. amigo lector, a algún "médico" cubano ?
No ? Yo sí.
Conozco - o conocí - a dos de ellos.

La primera , una "doctora" cubana, me trató como enfermera, durante tres de los nueve meses de mi convalecencia en Miami.
Muy amable y servicial, ella era poco más que una cuidadora de pacientes.
Nada que ver, desde luego, con el concepto venezolano de "médico".

El segundo - hombre esta vez -, ya lleva más de dos años conmigo.
De nuevo, muy amable y profesional. Pero un cuidador de pacientes al fin y al cabo, con escasa cultura general, muy alejado de lo que los venezolanos entendemos por "médico".

Seguro que Venezuela le paga al Gobierno de Cuba (que no a los "médicos" cubanos) - con petróleo -, enfermeros(as) o cuidadores(as) a precio de médico. Y además hay que mantenerlos(as), mientras estén en el país.

Hay que reconocer sin embargo, que esas personas trabajan y viven en los barrios más pobres, conviviendo con los más humildes y dando un servicio, que si bien no debe confundirse con un servicio médico como tal, les ofrece a los habitantes del sector, una atención de salud de la que antes carecían.
Al país, no obstante, el Régimen cubano lo está robando.

El mismo servicio pudo ser ofrecido, por ejemplo, capacitando a jóvenes locales, con el compromiso, una vez graduados, de servir a sus respectivas comunidades, creando de paso muy necesitados empleos entre los más jóvenes (por lo general, sin profesión ni empleo alguno).
Y todo ello, sin engordar aún más los bolsillos de otro Dictador.

Pero claro, tal cosa sería tildada de "fascista" por LOS BANDIDOS y por los seguidores del sátrapa.

Todos ellos saben que, de dejar el Poder, van a ser juzgados por auténtica traición a la Patria, por lo que no van a salir vía electoral !

DESCABEZAR A LA OPOSICION.

Febrero 23, 2015.

Ahora le toca al Diputado Julio Borges, del que dijeron que le va a ser quitada su inmunidad parlamentaria, con el fin de que sea procesado.
Poco a poco, LOS BANDIDOS van alcanzando sus objetivos.

De los 77 Alcaldes que la Oposición obtuvo en las pasadas Elecciones Municipales, 33 están sometidos a algún procedimiento judicial.

Lo dicho, quieren acabar con los líderes opositores, pues creen que así podrán manejar Venezuela a su antojo. Pero les puede salir el tiro por la culata, pues eso también aplica a ellos.
"Muerto el perro, se acabó la rabia", reza el refrán.

Ya va siendo hora de que las mayorías (así lo indican todas las encuestas, incluso las que normalmente favorecen al Gobierno) se hagan sentir.
Los venezolanos NO QUIEREN SER COMUNISTAS !

Hasta cuándo ?????

EL GOLPE……..OTRA VEZ ?

Febrero 24, 2015.

Una vez más, al mejor estilo de la Cuba castrista, el Gordito de Miraflores utiliza la manida teoría del "golpe", para eliminar opositores y así vencer a la Oposición, en las próximas elecciones.

Cuidado con una declaración, por parte del Presidente gordito, de un Estado de Excepción !

Ello puede ocurrir si se deciden a encarcelar a María Corina Machado o al aumentar el precio de la gasolina (que ya viene por ahí), ello para ahogar el esperado levantamiento popular.

Una vez más, ojalá que me equivoque, una estrategia para mantenerse en el Poder, al precio que sea.

LOS BANDIDOS no se van a ir por las buenas.

Léase, la vía electoral !

UNA HUELGA PETROLERA Y.....?
Febrero 25, 2015.

No debemos olvidar que LOS BANDIDOS actualmente en el Poder en Venezuela, aguantaron en tiempos del GOLPISTA Y DICTADOR ya fallecido, una huelga petrolera.
En efecto, durante varios días la producción petrolera se vino a menos, los envíos de petróleo se redujeron drásticamente, los gigantescos barcos de PDVSA permanecieron atracados, etc.

El resultado final ?.................ninguno !
Cientos, miles de obreros y profesionales despedidos a la brava !
Sin indemnización alguna ! (por cierto, esos dineros son debidos por la petrolera a los despedidos tan injustamente).

Entre otras cosas, por eso decimos que estos BANDIDOS no salen por las buenas.
Hay que sacarlos por la fuerza !

Muchos venezolanos (y también muchos extranjeros), abandonaron el país.
Eso es - como en Cuba - lo que LOS BANDIDOS quieren; que se vayan todos los que podrían protestar, así igualarán a todos por abajo : todos pobres y sin oportunidades, mientras que un grupito se enriquece y se da la gran vida !

Lo vamos a permitir ?
O queremos acabar nuestros días exilados, contándonos batallitas unos a otros, como los viejos exilados cubanos en Miami ?
Porque hay cubanos en la Administración, no nos engañemos.
Están en el Censo, en Identificación y Extranjería, en el Ejército y sólo Dios sabe dónde más.
Así que la experiencia cubana sí es relevante.

Pero a diferencia de los cubanos, que venían de soportar la Dictadura de Batista, los venezolanos venían de disfrutar las bondades y la libertad de una democracia, por unos 40 años.
Hasta que llegaron al Poder LOS BANDIDOS.

LOS VENEZOLANOS NO QUEREMOS SER COMUNISTAS.

Cuándo se van a enterar ????

NI LA ROTUNDA DE JUAN VICENTE GÓMEZ !
Febrero 26, 2015.

Héctor L.G. comparte con EL GRUPO DE EUGENIO, escrito de Paula G. A. y señala :

Gracias **Paula G.** nosotros siempre pendientes de leerte.

La Tumba ! Digno desenlace del drama !!!!

Paula G. A.
Febrero 27, 2015.

QUE DIOS SE APIADE DE VENEZUELA Y QUE HOMBRES DE BUENA VOLUNTAD, JUSTOS, PREPARADOS Y
PROBOS, NOS SAQUEN DE ESTE ABISMO EN QUE ESTAMOS.

Mi papá nació en 1930 y dice que no recuerda momentos tan angustiantes como los que está
confrontando el país.
Y que ni siquiera en la Dictadura del General Marcos Pérez Jiménez, los venezolanos tuvieron momentos
tan amargos. De lugares infames de presidio para los disidentes políticos, como La Rotunda, en tiempos
del General Juan Vicente Gómez, pasando por los sombríos calabozos de la Seguridad Nacional (en
tiempos de Pérez Jiménez), pasamos a lugares espantosos de reclusión como LA TUMBA del SEBIN, en la
Plaza Venezuela (Caracas), lugar ubicado en un sótano pintado de blanco y negro, en donde los presos
"tiritan" de frío y no saben cuándo es de día o cuándo es de noche.
No saben cuándo es lunes o cuándo es jueves. En ellos la noción del tiempo NO EXISTE, son una Tumba,
como los denominan los mismos funcionarios vestidos de negro, armados hasta los dientes.
Esta es la Venezuela del Socialismo del Siglo XXI, con un país "muerto de hambre" que se pelea en largas
horas en cola, por conseguir una margarina, 2 harinas de maíz, papel toilet, jabón para bañarse o para
lavar la ropa de vez en cuando.

Y si nos enfermamos tenemos que vivir otro infierno en un hospital público y nuestros familiares se
mueren, por falta de medicinas en todas las farmacias del país o por un salvaje ruleteo (yo lo viví en
2014).

Las intervenciones del Presidente Nicolás Maduro, al día siguiente del vil asesinato este 24 de febrero,
del niño de 14 años Kluibert Roa en el estado Táchira, han sido fuera de contexto y han desconsiderado
a un país que llora desconsoladamente este horroroso crimen, a manos de un PNB sicópata de apenas
23 años. Son cadenas televisivas de RUIDO COMUNICACIONAL, con consignas de alguien muy asustado y
nada más.

Cómo está seleccionando el Gobierno "Socialista" a los funcionarios de la Policía Nacional Bolivariana ?
De qué entorno familiar-social los están escogiendo ? Los venezolanos, en general, le tienen temor a
esta naciente Policía Nacional Bolivariana.

Los cuentos e historias de personas que uno conoce, de cómo se comportan al abordar a la juventud venezolana, son para hacernos la Santa Cruz.

Al pueblo-pueblo no le interesa, para nada, escuchar estas largas cadenas Presidenciales, que arreciaron desde el día siguiente al asesinato vil, en el estado Táchira, del niño de 14 años.

Yo fui este jueves , 26 de febrero, a los alrededores del Hospital de Coche y al Mercado Central y lo que se conversa y escucha es un pueblo que sufre y con mucha desesperanza, ante la caótica situación económica que estamos padeciendo.

Si Maduro y sus Ministros escucharan lo que dice el pueblo, estarían mucho más asustados de lo que están. El pueblo-pueblo habla claro y raspado. Están claros que esta terrible crisis económica es culpa del Gobierno y de más nadie.

Están claros que con Chávez, el país tuvo un barril de petróleo en 100 dólares y que estos mil millonarios recursos, se fueron para un gigantesco pozo de corrupción, de clientelismo político y sin mirar hacia el futuro del país.

EL PRESIDENTE ASESINO DE NIÑOS.

Febrero 27, 2015.

Anoche vi en TV asombrado como mentía con desparpajo, una vez más, EL PRESIDENTE ASESINO DE NIÑOS, en cadena nacional (no entienden que los venezolanos están cansados de tales cadenas).

En su mano derecha blandía el librito de la Constitución, mientras decía que "disparar contra los manifestantes es anticonstitucional".

Y lo decía impertérrito él. El mismo caradura que firmó el decreto autorizando a los militares y a los funcionarios uniformados (la GNB y la temida Policía Nacional Bolivariana, creada por LOS BANDIDOS mismos que nos gobiernan) a disparar.

Y no me asombraron tanto sus mentiras, pues ya nos tiene acostumbrados.
Lo que me asombró fue el descaro con que las dice.

En efecto, tenemos un Presidente mentiroso.
Desde el día de su Juramentación, el Gordito no ha hecho otra cosa que mentir.
Mentir con el descaro más absoluto.

Ni una palabra de pésame para la madre del niño asesinado.
Ni una palabra de aliento para la familia del policía de 23 años, que disparó.
Dos familias venezolanas más, destrozadas por la incoherencia e ineptitud del Presidente que nos gobierna.

So pena de que también nos declaren "golpista", RENUNCIA YA !

Hasta cuándo !

EL DESESPERO.
Marzo 2, 2015.

Lo que ya anticipamos, tristemente comienza a ser una realidad.
Véase sino el artículo que Yolanda Cristina T.A. compartió con nosotros.
El Gordito de Miraflores amenazó con ilegalizar a la MUD, de cara
al próximo careo electoral.

Y es que, aunque faltan meses para la contienda electoral, el Gordito se
siente perdedor.
Por eso puede recurrir a tal cosa.
O a declarar el Estado de Excepción.

O a cualquier cosa, con tal de mantenerse en el Poder !

Y es que el Gordito de Miraflores sabe que, de perder el Congreso de Venezuela, va a ser juzgado por
auténtica TRAICIÓN A LA PATRIA, al permitir que la población venezolana pase innumerables
necesidades, mientras él regala dólares y petróleo a sus amigotas y amigotes extranjeros.

Y le dio miedo.
Entró en pánico !

Y es muy peligroso, pues ni sus adeptos militares, ni él mismo, van a abandonar el Poder por las buenas.

No van a soltar el Gobierno por unas "piches" elecciones.

Se robaron las elecciones una vez y se las robarán (si ocurren) las veces que haga falta !

EL GATILLO ALEGRE.
Marzo 4, 2015.

Ayer pasé el día mal. Y no sabía por qué. Me acosté y tuve también una mala noche.
Esta mañana ya me encontraba mejor.
Lo que mantuvo inquieto todo el día de ayer y también durante la noche, fue una foto.
Una foto que mostraba al hoy Presidente de Venezuela, al que llamaba "el Gordito de Miraflores"
y ahora, tras ver esa foto, llamaré en adelante EL MALANDRO MAYOR.

Ustedes se preguntarán el porqué del cambio.
Pues bien, la foto supuestamente tomada en 2002, muestra al hoy Presidente, el Gordito de Miraflores,
pistola en mano, disparando contra la multitud (de manifestantes ?) en Puente Llaguno, Caracas.
UN PRESIDENTE DISPARANDO ?   CONTRA LA GENTE ?

Efectivamente, la foto no deja lugar a dudas. Más aún a sabiendas de que se trata de la misma persona
que autorizó a los uniformados a usar "fuerza letal" contra los manifestantes.

UN PRESIDENTE ?

Me niego a creer que tal animal, fue electo (supuestamente) por los venezolanos.
Hubo trampa o los votantes estaban engañados !

Porque los venezolanos no son así !

Los venezolanos son generosos, dicharacheros, alegres y bulliciosos, pero NO ASESINOS !

Por eso tiendo a creer, como muchos, que EL MALADRO MAYOR, no puede ser venezolano.
Dadas las circunstancias, más bien debe de ser cubano.

Por qué no nos calla de una vez y muestra documentos que prueben su venezolanidad ?

Tal vez no pueda.

Eso lo explicaría todo.

O no ?

EL SUBDESARROLLO
Marzo 5, 2015.

Hace tiempo, un grupo de alemanes que vivían en Nepal, decidió, al ver que la gente local hacía sus necesidades en plena calle, hacer una colecta en su país natal y construir unos baños públicos en el centro de Katmandú, la capital de Nepal.

A los pocos días de haber terminado la obra, los acongojados alemanes manifestaban que no entendían por qué la gente seguía haciendo sus necesidades en la calle. Esta vez, escondiéndose detrás de los muros de los baños públicos que ellos les habían construido !

En eso consiste el subdesarrollo !

También hace años, yo salí favorecido con una beca de la Fundación Gran Mariscal de Ayacucho. Trataba así el Gobierno Venezolano de canalizar parte de los recursos represados en el Fondo de Inversiones de Venezuela - creado con el fin de aprovechar la bonanza petrolera de entonces -, hacia la juventud venezolana.
Cientos, quizás miles de venezolanos DE TODAS LAS CLASES SOCIALES, nos esparcimos por las mejores Universidades del mundo, en busca de conocimientos.

Como parte de los requisitos para la obtención de la beca, la Fundación nos obligaba a firmar un contrato mediante el cual nos comprometíamos a regresar al país, una vez finalizados nuestros estudios, y a ponernos a disposición del Gobierno por 5 años, si éste así nos lo requería.

Una vez finalizados mis estudios (durante tres años, la beca cubrió un generoso estipendio mensual, los costosos gastos de Matrícula, todos los libros y pasajes aéreos ida y vuelta Caracas-Londres, para mi esposa, para mi hijo y para mí. En esos tres años en el Reino Unido, aprendí Inglés en Inglaterra, hice un Posgrado en Marketing en una Universidad escocesa y de nuevo en Inglaterra, obtuve un Master en Administración de Empresas (o MBA, en inglés), me presenté en las oficinas de la Fundación primero en Londres y una vez en Venezuela, en Chacaíto, Caracas.

Para mi sorpresa NO ME ENCONTRABAN EN SUS ARCHIVOS !
Habían pagado por mí todos esos años y ahora NO ME ENCONTRABAN !
Les dejé mi nombre y No. telefónico y...................hasta el día de hoy !

ESTO TAMBIÉN ES SUBDESARROLLO !

Luego de tres años, en 1985, abandoné el país y nunca más volví a vivir en Venezuela.
Primero por razones de trabajo (en unos 25 años, viví y trabajé en 6 países, incluyendo estancias repetidas en USA y España), pero después porque Venezuela vivía - y aún vive - bajo una Dictadura.

Por lo menos, los Gobiernos democráticos de aquella época repartían entre TODOS los venezolanos.
A mí nadie me pidió nunca un carnet político para concederme la beca.
Me la dieron a través del periódico, por mis notas y porque pasé varios exámenes,
incluyendo un examen psicotécnico.
Hoy en día, si no te pones una franela roja……….nada !

En el desgobierno de LOS BANDIDOS, con la ineptitud que los caracteriza, el descenso
de los precios del petróleo "nos agarró con los pantalones abajo".
Porque nos gobiernan UNOS BANDIDOS inadaptados sociales, que guiados por su AVARICIA e
INEPTITUD sólo piensan en "vengarse" y en robar.

En el ejemplo de arriba demostramos nuestro grado de subdesarrollo.

Sin embargo los venezolanos estarán de acuerdo conmigo en que, en los gobiernos
anteriores al del GOLPISTA Y DICTADOR, ya fallecido, el hampa estaba mal que bien
controlada, en los supermercados había de todo y no cerraban ningún canal de TV,
emisora de radio o periódico alguno, por ningún motivo.

Ah ! Y no te mataban por robarte el celular !

Revolución ?

No si así es !!!   Yo te aviso !!!

SAMPER Y UNASUR.
Marzo 7, 2015.

Esta mañana viendo al Dr. Samper, expresidente de Colombia y actual Secretario General de UNASUR, hablando en TV, me sentí triste y deprimido, me invadió el pesimismo.
Por eso, siento profunda admiración por Leopoldo López quien, a pesar de encontrarse preso de la Dictadura durante más de año y medio, parece conservar la entereza y el vigor necesarios.
Admiro aún más a su esposa, Lilian Tintori, quien a pesar de no saber si su esposo y padre de sus hijos saldrá algún día cercano de la prisión, conserva la suficiente presencia de ánimo para luchar sin descanso (dentro y fuera de Venezuela) por la libertad de su esposo.

Viendo y oyendo al Secretario General de UNASUR hablar del "golpe" y de que el desgobierno de LOS BANDIDOS, le había presentado suficientes "pruebas" de una "conspiración" contra la Presidencia.
Viendo y oyendo al mismo Samper decir, con indisimulado cinismo, que " en Venezuela hay separación de Poderes", no pude evitarlo y fui presa de la desesperación y la duda.
Por ahí andaba la Canciller colombiana asintiendo con la cabeza.
No hubo oposición alguna ni oí a ninguna voz discrepante.

Y me deprimí. Me entró el pesimismo. No pude evitarlo.

Porque es que UNASUR es un bloque económico que engloba a 10 países de Latinoamérica, incluyendo a países como Brasil, Colombia, Argentina o Chile !

Porque Samper fue Presidente electo por el pueblo de Colombia, país en el que tuve la suerte de vivir algunos años y por el que siento mucha admiración y respeto.

Será que estoy equivocado ?
Será que esos Cancilleres tienen razón ?

Más tarde entendí que es que son socios - comerciales o ideológicos - de LOS BANDIDOS.

Después EL MALADRO MAYOR invitó a Capriles (y no a la Mesa de la Unidad Democrática, MUD, que engloba a 30 partidos políticos) al diálogo (?), tratando así de dividir a la Oposición (cuidado Capriles !, no caigas otra vez en la trampa de LOS BANDIDOS !).

Porque ellos no tienen interés alguno en el diálogo.
El grupito de LOS BANDIDOS enchufados sólo quiere dividir a la Oposición.

Es que, aunque falten muchos meses para las Elecciones Legislativas, EL MALANDRO MAYOR se siente perdido.

Mientras tanto la gente sigue haciendo largas colas !

Mientras tanto, los anaqueles de los supermercados continúan vacíos.
Las farmacias no tienen medicamentos.
Los hospitales en ruinas.

Y además, matan a la gente en la calle !

Ya está bien !

RENUNCIA YA !

FACTOR DE DISTRACCIÓN !
Marzo 13, 2015.

Los males que aquejan a los venezolanos son muchos y parecen no tener límite : inseguridad, "políticos presos"...............por ser políticos opositores, largas colas, desabastecimiento, capta-huellas, la inflación más alta del mundo, el bolívar por los suelos y una larga lista de etcéteras.

Ante tal situación EL MALANDRO MAYOR ha buscado, desesperadamente, algo que lo ayude a distraer a la opinión pública venezolana, de los muchos problemas que tiene que enfrentar a diario.

Primero trató por enésima vez, con la manida teoría del "golpe" y nadie le creyó.

Luego organizó de manera apresurada, la visita de los Cancilleres de UNASUR y salvo por las declaraciones de Samper, quien salió cínicamente a decir que "en Venezuela hay división de poderes", la población no se dio por enterada.

La Medida Ejecutiva de Obama, calificando a Venezuela como "una amenaza para la seguridad de USA", le vino como anillo al dedo a LOS BANDIDOS, que al fin lograron alcanzar el factor de distracción que tanto buscaban.

Sin perder tiempo EL MALANDRO MAYOR declaró una Emergencia Nacional, dispuso unos ejercicios militares (?) con participación rusa e instó a las Milicias Bolivarianas y a la población civil a prepararse a tomar las armas, para defender a Venezuela de la posible "invasión" (?) del Imperio.

Que teatro !
Honestamente, creen Uds. que alguien se lo va a creer ?

De nuevo, a todas éstas dónde está la comunidad Latinoamericana ?

Apenas el Vicepresidente de Uruguay levantó su voz para señalar que él no veía prueba alguna, que justificara tamaña reacción.

De inmediato EL MALANDRO MAYOR se le echó encima, con su acostumbrada bravuconería, en una de sus muchas cadenas televisivas, tachándole poco menos que de "traidor".
Como si fuera pecado decir la verdad !

Con esta teatral demostración, pretenden LOS BANDIDOS "tapar el sol con un dedo" y distraer la atención de los venezolanos, de los dramas reales y cotidianos que los afligen.

Esperemos que no lo consigan.

DICHOS BIEN DICHOS.
Marzo 15, 2015.

"Los socialistas piensan que generar beneficios es inmoral,
yo pienso que lo que es inmoral es generar pérdidas".

Sir WISTON CHURCHILL

El 26 de Marzo, 2015, Iraida M. G., tuvo la gentileza de compartir conmigo la siguiente frase del líder comunista Stalin (parece que LOS BANDIDOS y EL MALANDRO MAYOR, se aprendieron de memoria el Libro de Stalin). Para que después no digan que no saben ni leer !

"Los electores no deciden nada. Los que deciden todo, son los que
cuentan los votos"
J. STALIN

"El objetivo del plan "ser rico es malo", es hacernos creer que
"ser pobre es bueno" y que resistir la pobreza es ser "Patriota"".

MADURADAS.COM

"Si te limitas a pensar lo que quieres hacer y lo que deseas que
ocurra, nada harás y nada ocurrirá".

JOE DIMAGGIO

"Todo programa de acción conlleva riesgos. Sin embargo, los
riesgos serán mayores a largo plazo, si no hacemos nada."

J.F.KENNEDY

DÓNDE ESTÁN LOS PAÍSES LATINOAMERICANOS ?
Marzo 15, 2015.

Qué es lo que pasa con los países latinoamericanos ?
El Parlamento Europeo y USA, ya se han pronunciado en contra del desgobierno de LOS BANDIDOS.
Por Dictatorial. Por oprimir y apresar a aquellos que piensan diferente.

Qué pasa entonces con los países de Latinoamérica, vecinos de Venezuela ?
Al fin y al cabo, todos firmaron la Carta Democrática de la OEA, documento mediante el cual todos se comprometieron a actuar en defensa de la Democracia y de los Derechos Humanos, si alguna vez éstos llegaran a faltar en algún país latinoamericano.

Veamos a algunos :

COLOMBIA
El Gobierno que preside Santos se encuentra en medio de un proceso de paz (?) con la guerrilla de las FARC, proceso del que Venezuela es "acompañante".
El Gobierno colombiano teme a las consecuencias que sobre el proceso pudiera tener una declaración suya, contraria al desgobierno venezolano.
Además, Venezuela es el primer socio comercial de Colombia y el Gobierno de Santos, es rehén de tales condiciones.
En adición, EL MALANDRO MAYOR ha reaccionado violentamente a las declaraciones de Santos en el pasado (hasta el punto de ordenar ejercicios militares en la frontera), a pesar de ser éstas más bien tibias y ambiguas.

PERÚ
Curioso caso el del Presidente Humala, pues a pesar de encontrarse ideológicamente cerca del desgobierno de LOS BANDIDOS, haciendo gala de un gran pragmatismo y de un loable respeto por la propiedad privada, ha sabido conducir a su país por la senda del crecimiento económico.
No ha querido, sin embargo, denunciar los desmanes de LOS BANDIDOS en Venezuela.

CHILE
Chile !. Las democracias venezolanas acogieron con los brazos abiertos a muchos, muchísimos chilenos, durante los años de la Dictadura de Pinochet.
No obstante, el Gobierno chileno, por solidaridad ideológica mal entendida, ha decidido, junto con UNASUR, pronunciarse en contra de la Oposición venezolana

BRASIL
El hecho de tener muchos problemas propios de corrupción y una mal entendida comunidad ideológica con LOS BANDIDOS, lo ha hecho también pronunciarse en contra de la Oposición, dentro del marco de la UNASUR.
Imperdonable.

ARGENTINA, ECUADOR Y BOLIVIA.

Países que junto a Nicaragua forman el ALBA, también se han pronunciado contra la Oposición venezolana (como no podía ser de otra forma).

No debemos olvidar que los gobernantes de esos países subieron al Poder, en buena medida, gracias al dinero dado por los Chavistas, así que no debería sorprender a nadie tal apoyo.

PARAGUAY Y URUGUAY.

A pesar de que el Vicepresidente de este último país había encontrado insuficientes las "pruebas" contra la Oposición venezolana presentadas por LOS BANDIDOS a UNASUR (ganándose toda suerte de epítetos en su contra, manifestados por el MALANDRO MAYOR en cadena nacional de TV), ambos países votaron a favor de la declaración de UNASUR, contra la Oposición venezolana.

Así vemos como Venezuela se ha quedado prácticamente sola en América del Sur.

Con respecto a los países de **CENTROAMÉRICA**, ninguno osó levantar su voz, cohonestando así los abusos de la Dictadura venezolana. En el caso de **PANAMÁ**, país que bajo el Gobierno anterior había apoyado a la Oposición venezolana; la primera medida tomada por nuevo Gobierno panameño, fue reestablecer las relaciones diplomáticas con el desgobierno de LOS BANDIDOS, rotas por el Gobierno del Presidente saliente.

Panamá se mantuvo en silencio.

En el caso de **COSTARICA**, uno hubiera esperado, dada su amplia tradición democrática, una posición más justa. Sin embargo se mantuvo en silencio, cohonestando también así, los atropellos del MALANDRO MAYOR contra la Oposición.

Ya hemos mencionado a **NICARAGUA**, país qué formando parte del ALBA y con su gobernante habiendo sido también receptor del dinero Chavista, era de esperarse - como finalmente ocurrió - que asumiera una posición favorable al desgobierno del MALANDRO MAYOR.

El caso de **MÉXICO** es vergonzoso. Tal vez el miedo a quedarse solo en América Latina, pueda explicar su posición.

Inexcusable, de toda formas.

Los demás países centroamericanos **HONDURAS**, **EL SALVADOR** Y **GUATEMALA**, envueltos en sus muchos problemas, prefirieron guardar también silencio, favoreciendo así al desgobierno de LOS BANDIDOS.

Vemos así que nuestros "amigos" nos dejaron solos.

Les aseguro que muchos, muchísimos venezolanos, siempre nos vamos a acordar de esto.

Siempre.

QUÉ LE HAN HECHO A MI VENEZUELA ?
Febrero 16,2015.

Qué le han hecho a mi Venezuela ??????

Viendo a la gente en TV - principalmente mujeres - haciendo inmensas colas en los supermercados, no pude menos que sentir una gran tristeza.

Señoras mayores protegiéndose del sol abriendo sus paraguas, tratando de esquivar el calor infernal. Haciendo largas colas "para ver qué ha llegado".

Qué le han hecho a mi país ?

Parece mentira que en Venezuela falte la comida.

Sencillamente, no hay derecho !

Mientras tanto, EL MALANDRO MAYOR ordenando ejercicios militares.
Hay que ver !

Me niego a creer que éste es el sistema de vida que quieren los venezolanos !
Tiene que ser impuesto !

Pero LOS BANDIDOS, al concederle poder de mandar y dictar leyes a la medida, por Decreto, sólo buscan rapidez. Sin tener que pasar por el "engorroso" trámite del Congreso.
Así podrán inhabilitar para ser candidatos(as) a los(as) opositores(as) que tengan mayor probabilidad de ganar en los comicios Legislativos de diciembre próximo (si se celebran !).
Así podrán inhabilitar a quienes les convenga !

Porque para ellos las Elecciones no son más que un engorroso trámite qué hay que resolver como sea.

No los vamos a sacar por la vía electoral !

Ojalá que me equivoque, pero ya lo verán !

VENEZUELA............UNA AMENAZA PARA USA ?
Abril 8, 2015.

Héctor L. G. compartió en EL GRUPO DE EUGENIO, escrito de Amadeo F. H.:

Se equivocó Obama ????
Vamos a ver porqué dice que Venezuela es una "amenaza".
Venezuela es el país con más tráfico de drogas del mundo, o sea, es el puente de casi todos los envíos.

País que viola los Derechos Humanos. Si piensas diferente a ellos, te meten preso.

Encontraron más de US $ 350.000 millones de venezolanos en bancos mundiales, la mayoría sin respaldo aparente, siendo éste el principal motivo de miedo de los corruptos, que les congelen las cuentas y que la Interpol los meta presos por sacar dinero del Tesoro Público.

La guerrilla de las FARC, que en un pasado estaba en Colombia, ya más de la mitad está en Venezuela.

Y la gran cantidad de empresas expropiadas, sin darles un dólar o a precios de gallina flaca, tiene al pueblo en una escasez sostenida de alimentos, medicinas y todo lo demás.

Insultos y descalificaciones , sin causa aparente, hacia el país del Norte y sus gobernantes.

En fin, pare Ud. de contar.

No entiendo por qué Obama dice eso ?????

Saludos. Amadeo

SABÍA UD. QUE…. ?
Abril 8, 2015.

Los siguientes 10 "Sabía Ud.", parecen explicar lo que ocurre hoy en Venezuela :

1.- Sabía Ud. que en 1990 había en toda Venezuela, unos 50 Generales y hoy hay más de 5.000 ?

2.- Sabía Ud. que los militares tienen su propio banco, del que obtienen préstamos en condiciones más ventajosas que el resto de la población ?

3.- Sabía Ud. que los militares compran en sus propias y bien surtidas tiendas, sin sufrir la escasez que afecta al resto de la población venezolana ?

4.- Sabía Ud. que los militares ocupan un 50% de los cargos públicos importantes del país ?

5.- Sabía Ud. que muchos venezolanos creyeron las mentiras de LOS BANDIDOS, de que Venezuela iba a ser bombardeada e invadida por el ejército norteamericano ?

6.- Sabía Ud. que los militares y la PNB, tienen generosos sueldos, bien protegidos contra la inflación (desde 1990 el salario de los militares se ha incrementado un 505%) ?

7.- Sabía Ud. que Leopoldo López y algunos estudiantes, ya tienen más de 1 año presos ?

8.- Sabía Ud. que inhabilitando a personajes populares de la Oposición, el desgobierno de LOS BANDIDOS pretende ganar con TRAMPAS las Elecciones Legislativas de diciembre ?

9.- Sabía Ud. que ante la opinión pública norteamericana, ver la probable escena de un Presidente de una nación democrática como USA, intercambiar apretones con las ensangrentadas manos de LOS DICTADORES de Cuba y de Venezuela en Panamá, va a caer muy mal y le costará la Presidencia a los Demócratas, en las próximas Elecciones Presidenciales de ese país ?

10.- Sabía Ud. que LOS BANDIDOS y el grupito de desalmados que los acompaña, son responsables por el mayor saqueo de fondos públicos de la historia venezolana, estimado ENTRE 3 Y 4 MIL MILLONES DE DÓLARES USA ?

Creemos que esto basta para explicar buena parte de lo que pasa en Venezuela.

LA MARGINALIDAD.

ABRIL 18, 2015.

Este escrito de mi amigo Héctor L.G., fue publicado por su autor, en EL GRUPO DE EUGENIO en la fecha indicada. Lo incluimos aquí por considerarlo de interés para todos(as). Dado que el autor vive en Venezuela, he decidido omitir sus apellidos por razones de seguridad.

La superación de la marginalidad, constituye uno de los mayores retos que enfrenta la sociedad venezolana actual.

Hay que identificar y reconocer a la marginalidad, como un problema que nos atañe a todos, que nos desborda. Debemos reconocer a aquellos que mantienen una actitud marginal, porque en realidad son marginales y distinguirlos de aquellos que expresan pensamientos marginales sólo para engañar a los más ignorantes, confundirlos y propiciar la corrupción que los envuelve y que está destruyendo a Venezuela; aunque sabemos que el razonamiento marginal existe y ha sido puesto en práctica en nuestro país, hay que identificarlo y reconocerlo.

Observen a la mayoría de los motorizados en nuestras calles : no respetan las leyes, se suben sobre las aceras, no usan casco, andan tres en una moto, incluyendo niños.
Son el ejemplo vivo de que la marginalidad en Venezuela, ha alcanzado límites insuperables.

Se puede ser pobre sin ser marginal; se puede ser marginal sin ser pobre; hay universitarios marginales, aunque las personas educadas, no son, por lo general, marginales.

Superar una actitud marginal, los pensamientos y razonamientos marginales, no es tarea fácil para los afectados por este mal. Cuántas veces no ha conversado Ud. con personas que defienden con pasión lo indefendible, diciendo barbaridades ?

Los marginales no tienen ideología política, tampoco religión; no tienen valores, tampoco principios, mucho menos ética. En resumidas cuentas, no tienen conciencia.

El mejor ejemplo del tema lo tiene Ud. cuando el actual Presidente de Venezuela se expresa, la forma en que habla, su vocabulario, su actitud, su desamor, su animadversión hacia todo lo bueno, hacia el país que todos queremos.
Por otra parte, quisiera saber cómo se puede lograr una verdadera democracia, con dirigentes de la Oposición que son marginales ?

La superación de la marginalidad, constituye el mayor reto que enfrenta la sociedad venezolana actual.

41

ELECCIONES ? SÓLO SI LOS BANDIDOS LOGRAN
HACER SUFICIENTES TRAMPAS.
Abril 24, 2015.

Ahora que está más que comprobado que LOS BANDIDOS se robaron las Elecciones Presidenciales (la Oposición lo permitió !), es hora de preguntarnos cuáles son las implicaciones de tal hecho para el futuro?

De momento, el Consejo Nacional Electoral (CNE) ya empezó a hacer trampas.

En efecto, los cambios en algunas circunscripciones electorales, favoreciendo SIEMPRE al PSUV, no parecen más que trampas electorales (disfrazadas con un manto de legalidad, para así mantener las apariencias democráticas).

Y eso si finalmente llegan a celebrarse los Comicios Legislativos (lo cual está aún por verse). Creemos que las elecciones de los nuevos Diputados a la AN sólo se celebrarán si LOS BANDIDOS, apoyados por un parcializado CNE, logran hacer suficientes trampas para "ganar" unas elecciones que hoy tienen perdidas.

Lo que nos lleva a la implicación principal : serán LOS BANDIDOS lo suficientemente osados, para robarse unas elecciones que, a priori, tienen perdidas ?
Después de todo, se robaron las pasadas Elecciones Presidenciales y no pasó ………. nada !

Hemos sostenido y sostenemos que no vamos a disponer de LOS BANDIDOS por medio de unas elecciones.
Claro que hay quien no está de acuerdo con nosotros.
Sobre todo algunos políticos de la Oposición (los que están libres, claro).
Porque los que no están de acuerdo con nosotros, en su ingenuidad, piensan en unas elecciones limpias y transparentes. En unas elecciones sin TRAMPAS.

Pero sucede que estamos jugando con MENTIROSOS y TRAMPOSOS, a los que ya hemos permitido robarse una elección.
Qué es lo que les va a impedir robarse también las Elecciones Legislativas ?

EL MALANDRO MAYOR habló de "profundizar" aún más la Robolución.
Implica ello por ejemplo, proscribir a los partidos políticos - como en Cuba -, con la sola excepción del PARTIDO COMUNISTA? O el PSUV, que es también COMUNISTA

Pronto, desgraciadamente, lo veremos.

QUÉ ES UNA REVOLUCIÓN ?

Mayo 4, 2015.

Héctor L.G. compartió el artículo de Valentín Arenas Amigó, publicado en el diario El Nacional, Opinión, el 4 de mayo de 2015, "Resumen".

"Revolución es inseguridad total comprobada por los homicidios semanales que no paran y la impunidad, porque se desprecia en el fondo la vida del ciudadano.

Revolución es desconocer la Constitución y el Estado de Derecho para que el Ejecutivo maneje, a su antojo, todos los poderes del Estado, y desconocer los derechos humanos.

Revolución es destruir la economía del país, con la caída en la producción de bienes y servicios y una inflación record que encarece los alimentos y perjudica a los sectores más pobres de la población.

Revolución es pasarse todo el día haciendo propaganda y promesas que no se cumplen y son sustituidas por otras promesas que corren la misma suerte.

Revolución es desconocer y violar impunemente los derechos humanos de los ciudadanos, pues son cosas y no personas.

Revolución es destruir para sustituir la cultura de la democracia y la libertad, por otra nueva de autocracia y esclavitud.

Revolución es llegar al poder por el medio que sea, en beneficio de una minoría corrupta que termina enriquecida, mientras las mayorías terminan empobrecidas y además sometidas.

Revolución es hipotecar el futuro de un país, obteniendo préstamos de otros Estados que serán cancelados después por las generaciones futuras.

Revolución es confiscar todo lo que es propiedad privada del ciudadano - desde una empresa o una casa, hasta su automóvil – y pasarle la titularidad al Estado, violando la Constitución como instrumento para asegurar su sometimiento total.

Revolución es "hegemonía comunicacional", para engañar al sector del pueblo menos preparado y más desesperado por la crisis económica, echándoles cuentos y haciéndoles promesas y más promesas a los ciudadanos.

Revolución es que te vean cara de poceta.......

LA PATRIA.
Mayo 6, 2015.

Qué hay que hacer para librar a Venezuela de la "plaga comunista" ?

No somos asesinos pero, por otra parte, con qué derecho pueden ellos acabar con un país como Venezuela ?
De verdad que dan ganas de ser malo. Nos domina la impotencia, nos da mucha rabia !
Y eso que no vivimos en Venezuela !

Pero en Caracas tenemos familia, allí están nuestros(as) amigos(as) y además es el lugar donde crecimos, donde guardamos nuestros mejores recuerdos.

EL MALANDRO MAYOR no puede ser venezolano !
Tiene que ser cubano, porque sigue al pie de la letra, sin rechistar, los dictados del VIEJO DICTADOR CUBANO (mala hierba, nunca muere !).
No puede ser venezolano quien no se conmueve con la miseria reinante, las largas colas, la impunidad con la que se mueven los malandros, la basura por todas partes.

Mucho hablar de la Patria, pero tienen que ser puras habladurías porque alguien que de verdad sienta la Patria, no puede actuar de esa forma.
Porque qué es la Patria ?
No consiste en la bandera no, ni en el himno nacional, ni en si el caballo en el escudo mira hacia la izquierda o a la derecha, ni mucho menos en la mención de, ni el homenaje frecuente a personalidad alguna (viva o muerta).

Sentir la Patria es conmoverse con la pobreza y el hambre de nuestros connacionales, es sentir el dolor de una madre venezolana que ha perdido a su hijo, es lo que se siente al ver a un niño descalzo, barrigón y semidesnudo, caminar entre las aguas putrefactas y estancadas o entre la basura maloliente, en Venezuela, país petrolero.

Eso es sentir la Patria, no hablar, hablar y hablar sin medida.
Llenarse la boca hablando contra el "Imperio", para parecer muy patriota, mientras las(os) que viven en el país pasan mil trabajos para poder subsistir.

Repito EL MALANDRO MAYOR no puede ser venezolano.
Simplemente NO es patriota.

LA CAMPEONA DE NATACION ANNELIESE ROCKENBACH.

Mayo 22, 2015.

El miembro del Grupo Héctor L.G., compartió con nosotros las siguientes reflexiones :

Una reflexión muy cierta de la super campeona Anneliese Rockenbach.
Las reflexiones son lo mejor en este programa, dice siempre nuestro amigo Omega, sin embargo lo difícil es entender que esta es nuestra realidad, nuestra triste realidad………
Y reza así :

"Autorretrato de una fotógrafa de la calle. En virtud de los reflejos, la figura aparece en el interior de un espacio vacío, en cuyo borde posterior superior resalta un anuncio de neón que traduce : "Tú no tienes nada". Así nos vamos sintiendo. Nos lo han ido quitando casi todo. Nuestras pensiones y jubilaciones, hace tiempo que se esfumaron.
Cuando nos toque comprar con el capta-huellas, duraremos hasta donde el ayuno nos lleve, porque a muchos de nosotros se nos han ido borrando las huellas, a juzgar por las caras sombrías de las cajeras del Banco.
Aquí, cercados por los "malandros", cada vez son más frecuentes los asaltos y agresiones. Tenemos miedo y tristeza, algunos sienten rabia. Esta catástrofe nos va marcando a todos los seres de bien; es una guerra, sí como no, a la que no se le ve el fin.
Es verdad, no tenemos nada, hasta la esperanza se va haciendo transparente".

Comentario de Eugenio Magdalena, publicado en FB, en EL GRUPO DE EUGENIO :

Qué vergüenza !
La nadadora y gran campeona Annelise Rockenbach, que influenció positivamente la vida de varias generaciones de venezolanos. El único error que cometió fue quedarse en su Patria y competir por su país - Venezuela - de memoria corta y que no se respeta ni a sí mismo.
En la mayoría de los países civilizados, Annelise sería hoy venerada y respetada como lo que fue: una heroína y auténtico ídolo nacional !

DOLORIZACIÓN.

Mayo 24, 2015.

De nuevo Héctor L.G. compartió artículo de Jesús Elorza con el Grupo.

Dolorización.
Jesús Elorza

"Muy altivo, llegó el camarada Julio a impartir su clase de Teoría Económica, a sus alumnos de la Universidad Bolivariana. El tema para ese día era "El Materialismo Histórico" basado en el libro texto obligatorio de Marta Harnecker.
Sin embargo desde su llegada al aula, los milicianos estudiantes no cesaban de hacerle preguntas sobre la dolarización de la economía venezolana, que aparecía en todos los medios de comunicación.

-¿Cómo es eso camarada ?, lo increpó uno de los cursantes.
Tenemos 16 años en el poder arengando a nuestra militancia sobre las agresiones imperialistas y la guerra económica contra nuestra revolución y ahora salimos con la cara lavada y sin vergüenza alguna, a proponer la moneda norteamericana como nuestro signo monetario.....¿ qué vaina es esa ?....Obama se debe de estar muriendo de la risa.

-Otro de los alumnos, que había consultado algunos libros sobre el tema se atrevió a decir : desde el punto de vista estrictamente conceptual, la dolarización significa que una moneda extranjera, en este caso el dólar de los Estados Unidos de América, reemplaza a la moneda nacional en cualquiera de sus cuatro funciones básicas, a saber, como medio de intercambio, reserva de valor, unidad de cuenta y patrón de pagos diferidos.......razón tiene quien me antecedió en la palabra, al decir que estamos traicionando el pensamiento antiimperialista de nuestro Difunto Eterno.

Sin encontrar en dónde meterse, el camarada Julio hizo un llamado a la calma y a no caer en las provocaciones de la oligarquía golpista, responsable de la guerra económica que auspicia el imperialismo contra la revolución socialista.
Déjenme decirles que la dolarización parcial de la economía, solamente referida a la venta de automóviles, es una respuesta espontánea ante la inestabilidad e incertidumbre generadas en la economía por diversas causas, tales como la fragilidad del sistema financiero interno, eventos políticos de suma gravedad (planes de magnicidio y golpes de estado) y principalmente, por tasas de inflación altas y variables generadas por nuestros enemigos.

Sí Luis, fue la respuesta unánime de sus alumnos. Uno de ellos amplió su crítica al señalar que, la pérdida de valor de la moneda nacional o lo que es lo mismo, la alta inflación, ha conducido a los venezolanos y a los factores económicos, a procurar tener la menor cantidad posible de bolívares fuertes. No porque quieran ser pobres, sino porque prefieren que la poca o mucha riqueza que posean, no pierda su valor. Por eso, tan pronto como pueden, cambian sus bolívares por harina Pan, azúcar, queso, licores, carros usados (nuevos imposible) o inmuebles, convencidos de que cualquiera de esos bienes conservará su valor mejor que sus billetes o depósitos bancarios............todos los presentes avalaron su exposición con sonoros aplausos.

-Quisiera agregar, intervino otro estudiante, que estamos ante un país con serios desequilibrios macroeconómicos : alta inflación; devaluación; sobrevaluación de la moneda; déficit fiscal en niveles superiores al 20% del P.I.B.; reservas internacionales en el nivel más bajo de la historia; niveles de escasez que aumentan progresivamente con el correr de los días y con un aparato productivo que ha sido muy golpeado por las políticas económicas públicas y por severos controles de cambio y precios, que han asfixiado, en los últimos 12 años, a la empresa privada........permítame decirle, con todo el respeto, camarada profesor, que la culpa no es del dólar sino gubernamental, que no ha sabido atender y resolver con políticas adecuadas la grave crisis, que no es sólo económica, sino también política y social.

El silencio en el salón de clases fue total y el docente mostró una sonrisa de satisfacción al creer que sus pupilos estaban rechazando la reaccionaria posición del estudiante............pero se equivocó; el silencio fue interrumpido por un estruendoso y colectivo aplauso.

Fuera los incapaces !, gritó uno… ......la respuesta no se hizo esperar......FUERA !. Una de las estudiantes intervino para decir que ella acostumbraba a acompañar a su madre, en la diaria tarea de buscar y comprar los alimentos........no tengo que explicarles las colas que nos tenemos que calar.........pero si quiero expresarle mi opinión sobre el aumento de los precios, que día a día vivimos en los Mercales o en los abastos.

En la economía venezolana, hay una inmensa cantidad de productos que utilizan el dólar como unidad de cuenta. Su precio se define primero en dólares y luego se traduce a moneda local. Y esa traducción se hace al tipo de cambio más alto del que se tenga conocimiento, en un momento determinado, en la economía y la sociedad venezolana, independientemente del precio real al que lo pueden adquirir cada agente que participa en esas transacciones. Es decir, se usa el bolívar como medio final de cambio, a pesar de que se usa el dólar como unidad de cuenta............y si este sistema es el "precio Justo" al que impuso el Gobierno, entonces tiene razón mi madre cuando dice que "este Régimen con sus erradas políticas, sólo ha producido "la Dolorización" del pueblo venezolano"............da dolor y rabia, a la vez, ver cómo han desangrado la economía del país, provocando en consecuencia el aumento de la pobreza, la quiebra de los sectores productivos, la escasez, niveles de hiperinflación y el enriquecimiento ilícito de los enchufados en el Gobierno............dolarizan la venta de carros, pero dolorizan los salarios, las pensiones y las jubilaciones de los trabajadores.

El camarada Julio, no esperó al final; salió huyendo despavorido y en su carrera, no sólo dejó el pelero, sino que además dejó sus libros de "Economía Revolucionaria" y al llegar a su casa, le dio un infarto al escuchar en VTV, que Raúl Castro siguió los consejos de Correa y le propuso a Obama "Dolorizar" la economía cubana......."razón tienen mis estudiantes", fueron sus últimas palabras.

LA LIBERTAD DE CEBALLOS ?

Junio 7, 2015.

Escrito de Eugenio Magdalena, tras publicar en EL GRUPO DE EUGENIO, creyendo que era reciente, un viejo edicto de un tribunal de Caracas, en el que se ordenaba la libertad de Daniel Ceballos (LOS BANDIDOS no le hicieron ni caso al edicto).

Casi dos meses después, el alcalde Ceballos seguía preso. Tras producirse una huelga de hambre por parte de Leopoldo López y del mismo Daniel Ceballos, éste fue liberado de la cárcel en setiembre 2015, dándole casa por cárcel, entre otras condicionantes.

"Pido disculpas a los lectores. Con la alegría que produjo en mí la noticia, fallé y pensé que realmente habían puesto al exalcalde en libertad.

En realidad se trata de una noticia vieja, pues el exalcalde Daniel Ceballos continúa preso y su salud se deteriora (como bien me hizo saber María Eugenia T.).

Es una muestra más de la cobardía y crueldad del MALANDRO MAYOR.

Una más de la que nos acordaremos cuando llegue tu hora !

Y llegará, tarde o temprano, llegará !. De eso no tengo dudas.

En esta vida o en la otra !"

EL IMPERIO

Junio 12, 2015.

Reseña publicada en EL GRUPO DE EUGENIO por Eugenio Magdalena, con ocasión de la publicación en el mismo Grupo, del video "IMPOSIBLE NO PONERSE A LLORAR", que muestra detalles de la visita de JFK a Caracas en 1961.

"No se pierdan más abajo el video de la visita del Presidente JFK a Caracas en 1961.
Noten el genuino fervor popular hacia "el Imperio".

EL MALANDRO MAYOR haría bien en ver este video, él, que tanta paja habla.

Y las palabras en español de la esposa del Presidente , Jacqueline Kennedy, luego Jacqueline Onasis ?

Histórico ! "

LOS(AS) IGNORANTES AUDACES.
Junio 16, 2015.

Conoce Ud. a algún(a) ignorante audaz? No ?
Sabe Ud. lo que son los ignorantes audaces ?
Qué los caracteriza ?

Yo sí. A lo largo de mi vida he tenido que "lidiar" con algunos(as) de ellos(as).

Los(as) ignorantes audaces no tienen conciencia de su propia ignorancia y si la tienen ésta no les importa. A menudo se encuentran ignorantes audaces en las escuelas, en las que la burla y el escarnio de otros estudiantes se encarga de ellos(as).

También se encuentran a veces ignorantes audaces en las empresas, en las que, normalmente, el o la jefe, se encargan de ellos(as).
Pero a veces ocurre que el o la jefe son también ignorantes audaces, en cuyo caso debemos esperar que otro(a) jefe que no lo sea, se encargue de ellos(as) y los(as) liquide.

Pero es en la política donde los y/o las ignorantes audaces se encuentran más a gusto, más medran y más abundan (debe de ser por la habladera de paja !).
Miren sino, a los partidos políticos !

Si en política uno o más jefes son ignorantes audaces, se corre el riesgo de que los(as) ignorantes audaces proliferen, ya que el o la ignorante audaz, sólo se rodeará de gente como él o ella.
De ahí que "la sembradora de maticas de aspirina", evidentemente una ignorante audaz, sobreviva y tenga la osadía de dirigirse a otros y otras.
O es que Ud. cree que es la primera vez que ella se dirigía a un grupo ?
Quién sabe la cantidad de burradas que ya habrá soltado !

Por eso los países Latinoamericanos que, por conveniencia, no condenan los atropellos del MALANDRO MAYOR , corren el riesgo de que en sus propios países también proliferen los ignorantes audaces como él.
Después de todo, en tiempos del GOLPISTA Y DICTADOR ya fallecido, EL MALANDRO MAYOR ya fue Canciller de la República Bana...perdón, Bolivariana de Venezuela.
Así que ya tuvo tiempo de formar su grupito de ignorantes audaces como él.

Nota del autor .- Meses después de escribir este artículo, descubrí que el Ministro del Trabajo venezolano, sostuvo que un barrendero debe ganar más que un médico (!). Así mismo, el Ministro de Educación venezolano sostuvo que el desgobierno Chavista, no está realmente interesado en sacar a la gente de la pobreza y pasarlos a la clase media, pues entonces se volverían "escuálidos" (!).
Lo dicho, los ignorantes audaces sólo se rodean de gente como ellos !, corroborando nuestra teoría.

49

LA ESTRATEGIA PARA VOTAR...........Y GANAR !
Julio 12, 2015

Francesco A. compartió este artículo y añadió :

"Esta es la estrategia…….

Divulguen por favor, no se sabe si habrá elecciones, pero por si acaso, divulgar este mensaje, para ver si salimos de este régimen oprobioso. Gracias !"

"Asunto : Esta es la estrategia…..

AQUÍ ESTÁ LA CLAVE PARA MINIMIZAR LA TRAMPA DE LOS TRIMARDITOS DEL CNE.
SI TE ABSTIENES DE IR A VOTAR, LES ESTARÁS DANDO A LOS DESGRACIADOS DEL RÉGIMEN
LA POSIBILIDAD DE QUE NOS BAILEN EL DÍA DE LAS ELECCIONES.
LEE ABAJO PARA QUE TENGAS LOS DETALLES.
LM

ATENCIÓN.- Esta vez podemos ganar las elecciones, como otras veces, pero ahora, no dejándoles margen para que cambien a su favor tu voto……..o mejor dicho, TU NO VOTO.
Esta es la estrategia……

LA TRAMPA
1.-Cada votante pasa obligatoriamente por la captahuella. Como siempre, la captahuella, que no cumple función alguna en el proceso de votación, simplemente abre la máquina y el individuo pasa a votar. Es importante recordar que cualquier huella puede desbloquear la máquina, como demostró el mismo Jorge Rodríguez recientemente a través de un video .

2.- Al poner la huella, la captahuella compara los datos del votante, con una base de datos de huellas que está en algún lugar y allí se registra que Fulanito de tal votó.
Así van pasando las horas, mientras la Oposición venezolana, ya ganando cada vez más votos, va cantando victoria, porque según las encuestas a pie de urna, la votación a favor es tan abrumadora ! Mientras tanto, la base de datos de este GOBIERNO CORRUPTO se va llenando de información de gente que fue a votar. No les importa saber por quién votó usted. Lo que les interesa es simplemente saber quién votó y obviamente, también saben quién no votó.

3.- A eso de las 5 de la tarde, los ladrones de votos "abren –habilitan" cientos de mesas virtuales en San José del Palo Alzao, en el Pueblo del Santo Negro de Quebrada Honda, en el Caserío de los Misterios, en Machurucuto y pare usted de contar. Claro, esas mesas virtuales están en lugares como PDVSA La Estancia, en la Universidad Bolivariana, en la ZONA CERO de los Castro, de acuerdo con Ramiro Valdés, asesor local cubano, enviado por los nefastos hermanos o en cualquier lugar del mundo.

Recuerdan que les dije que a ellos sólo les interesa saber los que no votaron, verdad ?. Pues a partir de allí, en los centros de votación integrados por todos los votantes que dejaron de votar, se conforman nuevos cuadernos de votación. Todos son Centros de Votación de una sola mesa, por lo que no hay que escrutarlos al final del proceso.

4.-Inmediatamente que se conforman esos centros virtuales, digo, informáticamente, comienza "el proceso de votación" en ellos, claro está, teniendo el cuidado de dejar un porcentaje tal, que queden Individuos para ser contabilizados como abstinentes, nunca menos del 10%.

5.- A las 5 y media, dichos centros comienzan a transmitir a la sala de totalización del CNE, lugar al que los partidos políticos no tienen acceso; es típicamente, cuando usted ve a Tibisay Lucena, caminar del CNE hacia esa sala. En ese momento ocurre el milagro; Internet se cae, se pierde, Venezuela se convierte en una gran intranet, entre CANTV, el CNE y el Oficialismo. Como por arte de magia la sala de totalización comienza a sumar votos, votos y más votos.
Es entonces cuando la tendencia que se había dado durante todo el día, se torna irreversible a favor del oficialismo.
En la madrugada del siguiente día, ocurre lo mismo de siempre : el oficialismo ha ganado 10 a 9 y la tendencia es irreversible.
De vainita no ganamos !
Nos quedamos a 100...200 mil votos.

 Bueno, habrá que consolidarnos mejor para las próximas elecciones.
Y así se nos han ido ya los años. Créalo usted o no, esta es la estrategia del oficialismo.
Sencilla desde un punto de vista estratégico, pero muy compleja desde el punto de vista informático.
(En el mundo y con billete, hay gente que se presta para eso y más).

Y por esto Venezuela es el único país que tarda tanto en tener resultados oficiales.
Ustedes han visto las elecciones en Colombia, en Chile o en México. Los resultados se van sabiendo y se consolidan en pocas horas, todavía a la luz del día o cayendo la tarde.
Aquí no, aquí siempre es entre gallos y medianoche.

LA SOLUCIÓN
La solución es más sencilla de lo que parece. Cuál es el alimento (input) del sistema de votación trampeado por ellos ?. LA ABSTENCIÓN !
Utilizan la abstención para construir votos falsos, en mesas falsas, en centros falsos.
Si no hay abstención, no tienen el "input" para sus trucados centros.
Por primera vez la solución para ganar unas elecciones, pasa por todos nosotros.
No te abstengas, ni aunque pienses que en tu centro siempre gana la oposición

A VOTAR !!!!!!
Ni un abstencionista, ni un solo voto regalado, no les permitas hacer la Trampa, las cartas están a tu favor, de ahí el miedo del gobierno.

RECUERDA : no les interesa tu voto, solo les interesa saber los que no votaron, para luego usar esa abstención, fraudulentamente, para votar a su favor.

Pasa esto por lo menos a tus familiares, amigos y relacionados.
Motívalos para que acudan a votar.
En la falta de abstención está el triunfo !

PÁSALO A TUS CONTACTOS Y ÉSTOS A LOS SUYOS.

Siempre se dice que la mejor manera de combatir la pobreza y la violencia es con la educación.
Lo que nunca se aclara es si la educación la deben recibir los pobres, para seguir siendo pobres, pero con modales o si la deben recibir los que hacen que haya más pobres, para preocuparse de que no los haya más.
Diego E. C.

LA BATALLA DE LA COTA 905.
Julio 15, 2015

Héctor L.G. compartió con el Grupo el artículo de Amadeo F.H. :

"LAS HISTORIAS Y CUENTOS ???

Con respecto a la batalla de la Cota 905 en estos días, me vino a la memoria la famosa batalla de las Queseras del Medio, de las fuerzas Patriotas comandadas por el general José Antonio Páez, hecho ocurrido el 2 de abril de 1819, en Guasimal, Edo. Apure.

El ejército de los Patriotas estaba compuesto por 500 jinetes, de los cuales 153 salieron al frente, contra 1.200 jinetes de Pablo Morillo.
Resultado ? 2 muertos y 6 heridos en el lado Patriota; 400 muertos y 300 heridos de los españoles (los Patriotas contaban entre sus filas con Los 4Fantásticos, Hulk, Terminator, Popeye, Thor, Superman, Flash, Los Vengadores, Las Chicas Super Poderosas, etc.). Es la única forma de obtener este resultado. Bueno, ahí les dejo eso.

Ahora la batalla de la Cota 905 : 15 muertes,140 detenidos, más de 9 horas de plomo parejo, 25 carros recuperados, 50 solicitados y 30 armas recuperadas.
Solamente 6 oficiales de la policía heridos y con algunos rasguños.
O sea, una batalla, sin haber estado de guerra.

La pregunta es mía :
Será todo verdad o será otra versión - Parte II - de la batalla de Las Queseras del Medio ? "

Saludos, Amadeo.

LA GUAGUA VA EN REVERSA.
Julio 27, 2015.

Héctor L G. compartió con el Grupo artículo escrito por **Jesús Elorza** :

"Pedro Infante, "Dímelo cantando", fue la expresión burlona de Nicolás, para solicitarle los resultados de los Juegos Panamericanos a su Ministro de Deportes.

Sorprendido por el despectivo tono, pero sumiso y protector de su cambur, el funcionario comenzó su exposición señalando orgullosamente que ¡ Lo logramos !
¿ Las 20 medallas de Oro y el séptimo lugar ?....exclamó Nicolás.
Con una tosecita nerviosa, el funcionario le respondió : No, solo alcanzamos el octavo lugar....que era nuestra verdadera aspiración....pero dijimos séptimo, por si acaso la suerte nos ayudaba .

¿ Y las 20 ?
Con un incremento en su nerviosa tosecita, el Ministro le respondió : estuvimos cerquitica, como lo demuestran las 22 medallas de plata, que por un pelo no fueron de Oro y estoy seguro de que en los próximos Juegos lo serán.

Sin dejar de ocultar su molestia, Nicolás le repreguntó : ¿Qué tan cerquita estuvimos de alcanzar las 20 de Oro pronosticadas ?
Con la tosecita transformada en pulmonía, al Ministro casi no se le oyó cuando dijo "solo alcanzamos ocho".
Cóoooooomoo así ?, fue la colombiana expresión que se le oyó exclamar a Nicolás. Explícame eso .....
con base en tus pronósticos anuncié al país en cadena nacional, que íbamos a tener la más mejor (sic) actuación de nuestra historia revolucionaria socialista........ y ahora me sales con esas........no me jodas !

Es que el imperialismo, en su guerra contra nuestra revolución, acaparó la gran mayoría de las medallas de Oro, dejando solo unas poquitas para nosotros, explicaba el Ministro a punto de desmayarse.
Que vaina !......ahora tendré que decirle al pueblo mesmo (sic) que debido a la destacada actuación nuestra en los Juegos de 2003, 2007 y 2011, el imperio decidió impedir nuestro avance revolucionario en Toronto y para ello se confabularon las fuerzas oligárquicas y retrógradas de Estados Unidos y Canadá. Además se sumaron a la guerra deportiva Brasil, México y Colombia. Y los gobiernos hasta ahora y que hermanos de Cuba y de Argentina se prestaron, buscando mejorar las relaciones con el imperio, para la agresión a nuestra sagrada revolución socialista del siglo XXI........y cerraré mi alocución con la deportiva consigna "Medalla o muerte ....Venceremos !"
-Me gusta....suena bien y oculta el núcleo del fracaso, dijo Pedro Infante.

Pero en la calle la realidad era otra. Los analistas deportivos y políticos, con las cifras en la mano, evidenciaban la marcha hacia atrás del deporte, en la era de la revolución.

Un simple cuadro comparativo, tumbaba el demagógico avance deportivo revolucionario panamericano. En los Juegos celebrados en Santo Domingo en 2003, la cosecha de medallas de Oro fue de 16; en Río de Janeiro, cuatro años después, fue de 12, retroceso que se hizo permanente y progresivo, puesto que en Guadalajara en 2011, las medallas de Oro sólo fueron 11 y ahora en Canadá en 2015, sólo se alcanzaron ocho.

Un jodedor, de los que nunca faltan, resumió la actuación venezolana con una canción de Juan Luis Guerra y refiriéndose a la condición de chofer de autobús de Nicolás, dijo cantando :

......*Tira de la palanca y endereza/que la guagua va en reversa.*
.....*Asume la renuncia con entereza/que la guagua (Económica, Política y Social) va en reversa.*

EL CAFÉ............TAMBIÉN IMPORTADO ?
JULIO 28, 2015.

Héctor L.G. compartió con el Grupo, el escrito de Amadeo F.H. sobre el grano de café en Venezuela.
Por creer que el tema es de sumo interés, lo incluimos aquí :

"Increeeeeibleeee !.....Venezuela importando café, en dimensiones nunca vistas !
Ayer el Gobierno anunció la importación de 27.600 toneladas de café de Brasil y Nicaragua.
Por un lado está bien, porque le estamos restando a Nicaragua la deuda que tiene con el país.
Peeeeero....breve historia ....el primer cafeto que llego a Venezuela fue en 1730, traído por misiones
españolas .....plantaciones cerca del río Caroní.........en 1784 se fundó la primera plantación de café, en
los jardines de la aldea de Chacao, en la célebre Hacienda La Floresta, propiedad de Bartolomé Blandín.

Hasta 1895 Venezuela ocupaba el tercer lugar en el mundo entre los países más productores de café.
El país producía entre el 6,5 y 6,7 por ciento de la producción mundial total y entre el 15 y 16 %, del total
de los cafés suaves.
Al año siguiente, 1896, el país se convirtió en el segundo productor mundial y el primero de los grandes
productores de café suave o de primera.

Después vino el descenso en caída libre al aparecer el petróleo. En 1920 descendió al tercer lugar, en
1925 al cuarto, en 1931 al quinto y en 1933, al octavo. En 1979-1984, entonces ya Venezuela comenzó
a incumplir la cuota de exportación ante la O.I.C. Hoy en día, hasta hace poquito se terminaba de
exportar a países árabes y euroasiáticos.
Hubo un momento en que en casi toda Venezuela, había cultivos de café : Lara, Portuguesa, Táchira,
Mérida, Trujillo, Monagas, Sucre, Yaracuy.........Biscucuy es el primer productor del país.

En un principio, cuando nacionalizaron el café, el Gobierno Bolivariano llegó a aumentar hasta un
53 % de la producción. Peeeeero, como todo, empezaron las fallas en los suministros de todo tipo ....
......semillas, herramientas, mano de obra calificada (muy mal pagada), etc., etc., etc. y la producción
se vino abajo en poco menos de dos años.

Y así solo producimos alrededor de un 30 % del consumo nacional.........que desidia ! .... salía más caro
levantarse e irse a trabajar, que quedarse en casa..........bueno, esa es otra realidad actual.
Ahí les dejo eso."

Saludos.
Amadeo.

El autor, Eugenio Magdalena, antes del accidente. New Orleans, USA, 2010.

El autor, en su casa en Panamá, en silla de ruedas desde el accidente. Panamá, 2015.

www.ingramcontent.com/pod-product-compliance
Lightning Source LLC
Chambersburg PA
CBHW040325010626
45792CB00024B/2132